BEI GRIN MACHT SICH IHR WISSEN BEZAHLT

- Wir veröffentlichen Ihre Hausarbeit,
  Bachelor- und Masterarbeit

- Ihr eigenes eBook und Buch -
  weltweit in allen wichtigen Shops

- Verdienen Sie an jedem Verkauf

Jetzt bei www.GRIN.com hochladen und kostenlos publizieren

Bibliografische Information der Deutschen Nationalbibliothek:

Die Deutsche Bibliothek verzeichnet diese Publikation in der Deutschen National-
bibliografie; detaillierte bibliografische Daten sind im Internet über http://dnb.d-
nb.de/ abrufbar.

Impressum:

Copyright © 2008 GRIN Verlag, Open Publishing GmbH
Druck und Bindung: Books on Demand GmbH, Norderstedt Germany
ISBN: 978-3-668-22047-8

Dieses Buch bei GRIN:

http://www.grin.com/de/e-book/179275/praeimplantationsdiagnostik-eine-alterna-
tive-zur-adoption-oder-kinderlosigkeit

Marcel Butkus

Präimplantationsdiagnostik. Eine Alternative zur Adoption oder Kinderlosigkeit?

GRIN Verlag

Ruhr-Universität Bochum

Katholisch-Theologische Fakultät

Wintersemester 2007/08

Hauptseminar: Moraltheologie

„Lasst uns Menschen machen..." – Biologisch-theologische
Aspekte zum Lebensbeginn

Praimplantaionsdiagnostik – Eine Alternative zur Adoption oder Kinderlosigkeit?

Marcel Butkus

Studienfächer: kath. Theologie/Germanistik

Fachsemester: 5/2

Inhaltsverzeichnis

1. Einleitung

Das Thema meiner Seminararbeit beschäftigt sich mit der Präimplantationsdiagnostik und ob dieses Verfahren eine Alternative zum Verzicht auf Kinder oder der Adoption bei einer erblich belasteten Krankheitsgeschichte in der Familie ist und dieses soll im Hinblick auf diesen Aspekt auf dessen ethische Vertretbarkeit geprüft werden.

In einer Zeit in der die Familie wieder mehr in den Mittelpunkt der Gesellschaft rückt und immer mehr ein Thema in der Öffentlichkeit wird, wächst der Kinderwunsch in der Gesellschaft. Bei Paaren mit Erbkrankheiten in der Familienhistorie ist dieser Wunsch problematisch, da bei ihnen die Sorge besteht, dass sie kranke Kinder bekommen können oder die werdende Mutter mit einem Risiko in der Schwangerschaft belastet werden könnte. Hier ist die Präimplantationsdiagnostik eine Lösung für das Paar, da diese Risiken durch das Verfahren teilweise beseitigt werden.

Zu Beginn meiner Arbeit gebe ich eine kurze Definition der PID und beschreibe das Verfahren, um die Grundlage für diese Arbeit zu schaffen. Des Weiteren wird die Indikationsgrundlage beschrieben, die aufzeigt in welchen Fällen eine PID angewendet werden kann. Worauf der Prozess der Aufklärung, der Beratung und der Einwilligung durch das Paar und die Ärzte folgt, der kurz zeigt, was im Vorfeld zur Behandlung geklärt und vorbereitet wird.

Im Anschluss gehe ich auf die Rolle der Eltern ein und deren veränderte Elternschaft die aus der PID resultieren. Der Zeugung des Kindes wird eine veränderte Wahrnehmung durch die Eltern zuteil, was alleine das Ergebnis der PID ist. Genauso wichtig, wie dieses, sind die Risiken die für eine Mutter bestehen. Auf diese gehe ich kurz ein.

Darauf stelle ich die Rolle der Ärzte vor, die bei der PID ebenso von Bedeutung sind, wie die Ärzte. Ich führe die Voraussetzungen aus Sicht der Ärzte auf und stelle deren Stellungnahme zur PID vor.

Daran schließt sich die ethische und gesetzliche Grundlage an, die den Gesetzesstand verdeutlicht und welche Richtlinien für das Verfahren maßgebend sind.

Zum Schluss fasse ich die Ergebnisse zusammen und gebe ein wertendes Fazit zur PID, das die Grundfragen der zugrunde liegenden Arbeit abschließend beantworten soll.

2. Die Präimplantationsdiagnostik

2.1 Definition und das Verfahren

Für den besseren Einstieg in das Thema gebe ich eine kurze Definition und stelle das Verfahren der Präimplantationsdiagnostik (PID) vor.

Bei der PID handelt es sich um eine genetische Untersuchung von Embryonen vor der Übertragung in den Uterus der Frau. Die Durchführung einer PID setzt eine künstliche Befruchtung (In-vitro-Fertilisation, IVF) voraus. Das mit einer Präimplantationsdiagnostik verbundene Ziel besteht meist darin, solche Embryonen zu identifizieren und auszuwählen, bei denen bestimmte Chromosomenstörungen oder Genmutationen mit hoher Wahrscheinlichkeit ausgeschlossen werden können und kein Risiko für die werdende Mutter bei der Geburt besteht.

Um eine PID durchführen zu können muss zunächst eine hormonelle Stimulation der Eierstöcke vorgenommen werden, um eine höhere Anzahl an Eizellen zur Befruchtung zu erlangen. So werden in einem Zyklus ca. 8- 10 Eizellen gewonnen.

Nach der Gewinnung kommt es zur künstlichen Befruchtung der Eizelle. In manchen Fällen, wenn die IVF vorher nicht zum Erfolg geführt haben oder die Spermien des Mannes eine schlechte Qualität aufweisen, geschieht dies mit Hilfe der Intrazytoplastischen Spermieninjektion (ICSI). Dabei wird die Samenzelle direkt in das Zytoplasma gespritzt. Nun wird die Entwicklung der Embryonen in-vitro bis zum 8-Zell-Stadium beobachtet, bis zu diesem Stadium sind die Eizellen noch totipotent, d. h. bis zu diesem Zeitpunkt wachsen sie in der Gebärmutter noch zu einem kompletten Individuum heran. Im Anschluss daran wird eine genetische Untersuchung der Embryonen unter Entnahme von ein bis zwei Zellen durchgeführt. Wenn Embryonen als gesund eingestuft werden und sie keine Risiken für die werdende Mutter darstellen werden von ihnen zwei bis drei in die Gebärmutter implantiert. Um für Fehlschläge nach der ersten Implantation vorzubeugen werden die übrigen Eizellen tiefgekühlt auf bewahrt, damit diese gegebenenfalls später implantiert werden können. Die aussortierten Embryonen werden im Anschluss vernichtet.

2.2 Die Indikationsgrundlage

Die Indikation zur PID kann nur bei solchen Paaren gestellt werden, für deren Nachkommen ein hohes Risiko für eine bekannte und schwerwiegende, genetisch bedingte Erkrankung besteht.

Eine molekular-zytogenetische Untersuchung der Partner ist eine unabdingbare Voraussetzung für das zu ermittelnde Erkrankungsrisiko einer PID.

Der Anwendungsbereich bei einer PID liegt bei monogen bedingten Erkrankungen und bei Chromosomenstörungen.

Entscheidend sind der Schweregrad, die Therapiemöglichkeiten und die Prognose der infrage stehenden Krankheiten. Zusätzlich ist zu beachten, dass diese Erkrankungen zu einer schwerwiegenden gesundheitlichen Beeinträchtigung der zukünftigen Schwangeren führen könnten.

Forschungsinteressen dürfen hierbei keinerlei Bedeutung angemessen werden oder Indikatoren einer PID sein, daher spielen die Geschlechterbestimmung ohne Krankheitsbezug (manche Erberkrankungen sind stark geschlechterabhängig), das Alter der Eltern und eine Sterilitätstherapie durch assistierte Reproduktion keine Rolle.

2.3 Aufklärung, Beratung, Einwilligung

Die Voraussetzungen für eine PID ist die kompetente ausführliche Beratung und Aufklärung des Paares über das Verfahren, sowie dessen Vor- und Nachteile. Ebenfalls werden mögliche Folgen der Methode erörtert, außerdem soll zu einer psychosozialen Beratung geraten werden.[1]

Die Aufklärung erfolgt durch Humangenetiker oder Gynäkologen und beinhaltet eine Darlegung möglicher Alternativen. Zum einen gäbe es die Möglichkeit der Adoption oder des Verzichts auf Kinder und zum anderen könnte eine Pränataldiagnostik in der Schwangerschaft durchgeführt werden.

---

[1] Bundesärztekammer (Hg): Stellungnahme der Bundesärztekammer zur Präimplantationsdiagnostik (Berlin, 24.02.2000). Diskussionsentwurf zur Präimplantationsdiagnostik, in ZME 46, 2000, S. 166

Das Paar wird während der Beratung über die notwendigen Maßnahmen für das Verfahren, dessen zeitlichen Aufwand, Risiken der Methoden, Erörterung der Erfolgschancen, sowie der Hinweis auf mögliche nicht getestete Krankheiten des Kindes und den Umgang mit nicht transferierten Embryonen aufgeklärt.

Für die Durchführung einer PID ist die Einwilligung beider Partner für selbige und den anschließenden Transfer der Eizellen notwendig. Nach der Untersuchung muss mit dem Paar geklärt werden welche Embryonen transferiert werden sollen, dafür ist die Einwilligung der Frau erforderlich. Darauf kann die Implantation durchgeführt werden.

3. Die Rolle der Eltern

Die wichtigsten Personen bei dem Verfahren der PID sind in erster Linie die Eltern, da sie den Schritt zu diesem machen und sie somit erst ins Gespräch bringen. Paare sehen in der PID eine sicherere Form der Schwangerschaft, da sie in gewisser Weise planbar wird. Aber worauf lassen die Eltern sich ein, wenn sie sich für eine PID entscheiden?

Die Schwangerschaft kann durch die PID zu einer passiven Erlebnisphase[2] werden, da die Eltern nicht mehr aktiv an der Zeugung beteiligt sind. Sie stellen zwar Samen- und Eizelle zur Verfügung, damit die Befruchtung erst möglich wird, aber das restliche Verfahren obliegt den Ärzten. Es gibt aber auch Fälle, wenn die Spermien des Mannes von minderer Qualität sind oder die Frau nicht genügend Eizellen produziert, in denen entweder Ei- oder Samenzellen gespendet werden, was die Frage aufkommen lässt welche Rolle der Spender übernimmt. Jedoch sollte der Spender nie als leibliches Elternteil angesehen werden, da dies die veränderte Elternschaft noch mehr belasten würde. Bei beiden Varianten ist eine Schwangerschaft terminlich genau geplant und ist nicht mehr dem Zufall überlassen. Die Eltern übernehmen mehr und mehr eine Nebenrolle in diesem Prozess, der einem technisierten Verfahren immer ähnlicher wird. So wird der Schwangerschaft das Besondere genommen und sie wird auch zu etwas alltäglichem.

Ebenfalls wird die Beziehung, die die Eltern bei einer natürlichen Schwangerschaft zu dem Kind ganz automatisch aufbauen, verändert; sie ist nicht mehr von natürlicher Herkunft sondern ist gewählt. Ein weiterer Punkt der die Eltern in eine passive Rolle

---

[2] Haker, Hille: Präimplantationsdiagnostik und die Veränderung der Elternschaft. Zur ethischen Problematik der Präimplantationsdiagnostik, in ZME 49, 2003, S. 384

drängt: sie treffen zwar die Entscheidung, den Rest überlassen sie einer anderen Instanz. Die Eltern dürfen nicht den Fehler machen und in eine Ohnmacht im Bezug auf die Entscheidungen fallen und die Macht vollkommen den Ärzten zu überlassen, da sie weiterhin die Elternrolle übernehmen und das Kind sie ein Leben lang begleitet.

Außerdem wiegen sich Eltern in der Sicherheit, dass die Schwangerschaft gesundheitlich durchgeplant ist, aber es ist nicht voraussehbar. In der Entwicklung des Kindes können später Krankheiten auftreten, die bei der genetischen Untersuchung vielleicht nicht berücksichtigt wurden, da sie bei der Familienhistorie nicht von Relevanz sind.[3] Außerdem wäre es zudem möglich, dass erkannte Krankheiten später behandelbar werden, was den Eltern eine gewisse Kurzsichtigkeit unterstellt und dies zu Recht. Sie messen diesem Argument wenig Gewicht zu wenn sie sich für eine PID entscheiden.

Den Eltern wird so eine große Verantwortung zuteil, da die kalkulierte Schwangerschaft doch nicht das ist, was sie zu sein scheint. Falls die Ergebnisse der Untersuchung nicht mit der Gesundheit des Kindes bei der Entbindung übereinstimmen oder das Kind eine schwere Erkrankung erleidet. Hier müssen Eltern ihr Kind trotz dieses Fakts bedingungslos lieben, da sie ihm das Leben geschenkt haben. Da spielt es keine Rolle, ob das Kind gesund oder krank ist.

Eltern haben ein ambivalentes Verhältnis zur PID, da sie einerseits die Verantwortung über die Entscheidung, welche Embryonen implantiert werden sollen, an die Ärzte ableiten. Die Ärzte geben Empfehlungen, auf die Eltern hören, da sie nicht das Fachwissen besitzen, um die Details der Untersuchung zu überblicken. Andererseits werden sie mehr in die Verantwortung nach der Geburt genommen, da eine Schwangerschaft eben nicht bis zuletzt planbar ist.

3.1 Risiken für die Schwangere
Die wohl naheliegendsten Risiken, die für die Schwangere bei der PID bestehen, sind wohl die, die während der Anwendung der Methoden auftreten können. Eine Narkose birgt immer gewisse Risiken, die nicht ganz kalkuliert werden können und

---

[3] Haker, Hille: Präimplantationsdiagnostik und die Veränderung der Elternschaft. Zur ethischen Problematik der Präimplantationsdiagnostik, in ZME 49, 2003, S.371

trägt somit eine gewisse Gefahr mit sich. Darüber werden die Eltern aber im Vorfeld aufgeklärt, sodass es keine Unbekannte bleibt.

Des Weiteren kann es durch die hormonelle Behandlung zu einer Überstimulation der Eizellen kommen. So wird der Zyklus der Frau durcheinander gebracht und sie produziert weiterhin mehr Eizellen. Wenn aber der Zeitraum der Behandlung weiter in die Vergangenheit rückt wird dies sich wieder legen und es ist ein temporäres Risiko.

Das wohl schlimmste Risiko für die werdenden Eltern ist das der Mehrlingsschwangerschaft. [4] Diese Option ist möglich, da bei jeder Implantation mehrere Eizellen in den Uterus gepflanzt werden. Es ist zwar nicht bei jeder PID so, dass es zu einer solchen Schwangerschaft kommt, doch die Eltern sollten dies nicht außer Acht lassen. Es ist eine logische Konsequenz der Implantation und Eltern sollten sich dessen immer bewusst sein, da sie mir der PID sich eigentlich nur den Kinderwunsch erfüllen wollen.

4. Die Rolle der Ärzte

Die zweite wichtige Gruppe bei dem Verfahren der PID ist die der Ärzte, sie übernehmen den medizinischen Teil. Sie sind für die Entnahme der Eizellen und für die IVF, sowie die Untersuchung, für die Embryonenauswahl und die Implantation verantwortlich. Sie haben jedoch keine unbegrenzte freie Handhabe bei der Untersuchung und dem Verfahren. Für sie ist die Gesetzgebung für die PID die Grundlage und bindend.

4.1 Voraussetzungen der Ärzte

Um eine PID durchführen zu können muss der Bundesärztekammer ein Nachweis zugesendet werden, der die Einhaltung der Richtlinien garantiert. [5] So soll ein Missbrauch verhindert werden, durch den die PID für nicht erlaubte Zwecke, wie die Forschung am Embryo verwendet wird. So werden Gesetz und die PID rechtlich abgesichert. Außerdem kann ein Arzt nicht gegen sein Gewissen dazu gedrängt oder

---

[4] Bundesärztekammer (Hg): Stellungnahme der Bundesärztekammer zur Präimplantationsdiagnostik (Berlin, 24.02.2000). Diskussionsentwurf zur Präimplantationsdiagnostik, in ZME 46, 2000, S. 167
[5] Bundesärztekammer (Hg): Stellungnahme der Bundesärztekammer zur Präimplantationsdiagnostik (Berlin, 24.02.2000). Diskussionsentwurf zur Präimplantationsdiagnostik, in ZME 46, 2000, S. 164

gezwungen werden eine PID durchzuführen oder an einer PID mitzuwirken.[6] Denn Ärzte unterliegen immer noch ihren persönlichen ethischen Grundsätzen, sowie den allgemeinen ethischen Richtlinien in der Gesellschaft und sie dürfen nicht gezwungen werden gegen diese zu handeln. So wird ebenfalls einem Missbrauch einer PID und einer Nichteinhaltung der Richtlinien vorgebeugt.

Falls der Arzt mit seinem Gewissen vereinbaren kann eine PID durchzuführen muss er einen Antrag an die Landesärztekammer und an die „Kommission Präimplantationsdiagnostik" stellen, um die PID anzumelden. Dazu gehören eine ausführliche und anonymisierte Fallbeschreibung, die zugrunde liegende medizinische Indikation nach der Beratung, eine Schilderung der gesundheitlichen Risiken bzw. Beeinträchtigungen der Frau, sowie eine Aussage zur ethischen und rechtlichen Vertretbarkeit.[7] Dies bildet das Fundament für die Entscheidung, ob eine PID zu erlauben ist. Die Landesärztekammer bildet die Kommission, die diese Entscheidungen trifft. Doch sie bilden nicht die einzige Instanz, neben dieser Kammer ist noch die „Kommission Präimplantationsdiagnostik". Die Kommission soll ein Votum gegenüber der Landesärztekammer abgeben, sie wird u.a. gebildet durch Humangenetik, Gynäkologie, Ethik und Recht. So soll eine einseitige Entscheidung vermieden werden und alle Aspekte die für oder gegen eine PID sprechen abgewogen werden. Es wird gesichert, dass eine PID beispielsweise nicht nur für den Fortschritt in der Forschung durchgeführt wird, sondern dass sie aufgrund der Bedürfnisse bzw. der Gefahren für das Paar durchgeführt wird.

Für die Durchführung einer PID muss eine Institution gewählt werden, die bestens mit einer In-Vitro-Fertilisation vertraut ist, diese gemäß den Richtlinien einer assistierten Reproduktion. Dadurch wird ein professionell durchgeführtes Verfahren gesichert und eine Gefährdung des Embryos weitestgehend ausgeschlossen.

---

[6] Bundesärztekammer (Hg): Stellungnahme der Bundesärztekammer zur Präimplantationsdiagnostik (Berlin, 24.02.2000). Diskussionsentwurf zur Präimplantationsdiagnostik, in ZME 46, 2000, S. 165
[7] Bundesärztekammer (Hg): Stellungnahme der Bundesärztekammer zur Präimplantationsdiagnostik (Berlin, 24.02.2000). Diskussionsentwurf zur Präimplantationsdiagnostik, in ZME 46, 2000, S. 165

4.2 Stellung der Bundesärztekammer zur PID

Die Bundesärztekammer sieht nur zwei Alternativen zur PID und zwar den Verzicht auf Kinder oder die Adoption eines Kindes.[8] So wird dem Paar das Verfahren erspart und sie können trotzdem ein Kind großziehen. Da viele Paare aber lieber ein leibliches Kind großziehen wollen fällt die Entscheidung meist gegen diese Alternativen. Die Entscheidung ist nachvollziehbar, da die Bindung zu einem leiblichen Kind eine andere ist, als bei einem adoptierten.

Außerdem unterstreicht die Kammer, das die PID nur bei schwerwiegenden Erbkrankheiten anzuwenden ist oder wenn die Gesundheit der Mutter gefährdet ist.

Die Bundesärztekammer weist des Weiteren darauf hin, dass die PID ein Verfahren ist, das eine Erfolgsgarantie besitzt. Von 400 Paaren haben nur ein Viertel, also 100 Paare ein Kind nach einer PID bekommen.[9] So sieht die Ärztekammer das Verfahren als eine Möglichkeit einer Risikoschwangerschaft vorzubeugen oder übertragbare Erbkrankheiten zu erkennen, doch es ist nie gesichert, das es zum Erfolg führt. Andere Gründe für eine PID sieht die Bundesärztekammer nicht.

Einen Konflikt sehen die Ärzte bei der Verwendung der Embryonen. Die entnommenen Eizellen, die In-Vitro befruchtet wurden, werden nur teilweise in den Uterus der Frau transferiert. Es muss die Frage geklärt werden was mit den nicht transferierten Embryos passieren soll. So dürfen diese nicht zu Forschungszwecken missbraucht werden, da die Schutzbedürftigkeit der Embryonen hier außer Frage steht. Sie ist durch ein Verbot der „fremdnützigen Verwendung" gesichert.[10] Das Verbot besagt das die Embryonen nur für die PID und nicht für anderweitige Zwecke verwendet werden dürfen.[11]

Alle anderen Aspekte, die nicht auf den medizinischen Bereich beziehen sollen durch Zivil- und Strafgerichte geklärt werden. So soll sichergestellt werden, dass die Richtlinien auf einer vernünftigen Grundlage getroffen werden.

---

[8] Bundesärztekammer (Hg): Stellungnahme der Bundesärztekammer zur Präimplantationsdiagnostik (Berlin, 24.02.2000). Diskussionsentwurf zur Präimplantationsdiagnostik, in ZME 46, 2000, S. 161
[9] Bundesärztekammer (Hg): Stellungnahme der Bundesärztekammer zur Präimplantationsdiagnostik (Berlin, 24.02.2000). Diskussionsentwurf zur Präimplantationsdiagnostik, in ZME 46, 2000, S. 161
[10] Bundesärztekammer (Hg): Stellungnahme der Bundesärztekammer zur Präimplantationsdiagnostik (Berlin, 24.02.2000). Diskussionsentwurf zur Präimplantationsdiagnostik, in ZME 46, 2000, S. 162
[11] Ruppel, Katja; Mieth, Dietmar: Ethische Probleme der Präimplantationsdiagnostik, in: Marcus u. a. (Hgg.): Ethik in der Humangenetik. Die neueren Entwicklungen der Frühdiagnostik aus ethischer Perspektive, Tübingen u. a. 1998, S. 363

Zum Schluss stellen sie fest, dass die Verantwortung bei einer PID bei allen Beteiligten, d.h. bei dem Paar und den Ärzten, gleich verteilt ist.[12] Die Ärzte führen zwar die Untersuchungen an den Embryonen durch und geben die Empfehlungen an die Paare weiter, welche von den untersuchten Embryonen implantiert werden sollen, doch liegt die Entscheidung letztendlich bei dem Paar. Die Ärzte beraten das Paar mit ihrer zur Verfügung stehenden Kompetenz, aber darüber hinaus ist das Paar für die Entscheidung verantwortlich. Damit ist das Verhältnis im Bezug auf die Verantwortungen ausgeglichen.

5. Ethische Aspekte der PID

Vorweg ist zu erwähnen, dass die PID in Deutschland bislang verboten ist, da Embryonen auf Grund genetischer Eigenschaften ausgewählt werden. Außerdem untersteht nach dem Embryonenschutzgesetz (ESchG) §8 jede befruchtete Eizelle und jede dem Embryo entnommene totipotente Zelle dem Schutz des Gesetzes. Zudem ist jede PID nach bisherigem Verständnis ein Klonprozess und ist nach ESchG § verboten. Für eine Zulassung der PID müsste in Deutschland eine Gesetzesänderung durchgeführt werden und die Arbeit an totipotenten Zellen zugelassen werden. Wenn es dazu kommt, so kann es dazu führen das es bald zu einer Auswahl des besten Erbguts für die Einpflanzung kommt. Man sollte daher vorsichtig mit der Zulassung sein und enge gesetzliche Grenzen für das Verfahren ziehen. Außerdem tritt dann die Frage auf, ab wann man einem Embryo moralische Rechte zuspricht. Das muss in diesem Fall später als zu dem Zeitpunkt der Befruchtung geschehen. Für die katholische Kirche gilt die befruchtete Eizelle nach 24 Stunden als ganzer Mensch und von da an ist es für sie ein neues schätzenswertes Lebewesen.[13] Aber diese Sichtweise ist auch sehr problematisch. Welchen Zeitpunkt, als den der Befruchtung sollte man für die Zusprechung der Rechte wählen, denn es gibt keine größeren Veränderungen, die einen anderen plausibel machen würden.

---

[12] Bundesärztekammer (Hg): Stellungnahme der Bundesärztekammer zur Präimplantationsdiagnostik (Berlin, 24.02.2000). Diskussionsentwurf zur Präimplantationsdiagnostik, in ZME 46, 2000, S. 163
[13] Ruppel, Katja; Mieth, Dietmar: Ethische Probleme der Präimplantationsdiagnostik, in: Marcus u. a. (Hgg.): Ethik in der Humangenetik. Die neueren Entwicklungen der Frühdiagnostik aus ethischer Perspektive, Tübingen u. a. 1998, S. 367

Ein Problem der IVF, die die Grundlage für die PID ist, ist, dass sie nur eine Geburtenrate von 10% hat, dazu aber eine hohe Zahl von Abbrüchen.[14] Wie schon in Punkt 4.2 erwähnt führt eine IVF in ca. 100 Fällen zum Erfolg, daher bringt ein Eingriff in dieser Form ein hohes Risiko für den zu untersuchenden Embryo mit sich, ist dafür aber kein Garant für ein gesundes Kind bzw. überhaupt ein Kind.

Des Weiteren kann nicht ausgeschlossen werden, dass nach einer PID das Kind ohne Krankheiten geboren wird, später an Erbkrankheiten erkrankt oder das Kind überhaupt ausgetragen wird. Zwar wird oft behauptet, dass die PID einem späten Schwangerschaftsabbruch vorbeugt und somit ein besseres ethisches Ansehen genießen sollte. Das ist aber teilweise ein Irrglaube, da dem Paar die Möglichkeit einer Pränataldiagnostik (PD) zur Verfügung steht. Man könnte sagen, dass die PID „eine IVF auf Probe ist"[15]. Bei PD können unter Umständen Krankheiten diagnostiziert werden, die bei der vorgenommenen PID noch nicht erkannt werden konnten. Das würde je nach Krankheit einen späten Schwangerschaftsabbruch nach sich ziehen, was eigentlich verhindert werden sollte. Damit verfehlt die PID ihren eigentlichen Sinn und wird in gewisser Weise nutzlos. Durch die PID wird zudem eine Tötung von Embryonen, die genetisch belastet sind, in Kauf genommen,[16] da eine anderweitige „Verwendung" rechtlich nicht zugelassen ist und das Spenden der Embryonen an andere Paare wenig Sinn ergibt. Es ist eine bewusste Tötung, bei der die Implantation der übrigen Embryonen eventuell später zu einer Schwangerschaft führen. Für die theologische Ethik ist es daher eine frühe Selektion.

Ein weiterer schwieriger Punkt ist die Frage nach der Sicht auf die Lebensqualität. Kranken Menschen wird das Gefühl vermittelt eine verminderte Lebensqualität gegenüber gesunden Menschen zu haben. Ihre Existenz hätte durch eine PID verhindert werden können und den Eltern ein „beschwerdefreies Leben" ermöglichen können. Behinderte Menschen könnten sich minderwertig fühlen und es müsste, in Verbindung mit der Zulassung einer PID, eine Aufbauarbeit vorgenommen werden,

---

[14] Ruppel, Katja; Mieth, Dietmar: Ethische Probleme der Präimplantationsdiagnostik, in: Marcus u. a. (Hgg.): Ethik in der Humangenetik. Die neueren Entwicklungen der Frühdiagnostik aus ethischer Perspektive, Tübingen u. a. 1998, S. 362

[15] Ruppel, Katja; Mieth, Dietmar: Ethische Probleme der Präimplantationsdiagnostik, in: Marcus u. a. (Hgg.): Ethik in der Humangenetik. Die neueren Entwicklungen der Frühdiagnostik aus ethischer Perspektive, Tübingen u. a. 1998, S. 262

[16] Römelt, Josef: Präimplantationsdiagnostik. Anmerkungen zum Diskussionsentwurf der Deutschen Bundesärztekammer, in: StZ 215, 1997

die den Menschen aufzeigt, dass sie in der Gesellschaft dasselbe Ansehen genießen, wie alle anderen Menschen.

6.Schluss

Die PID weist ihre Vor- und Nachteile in Bezug auf die Alternativen auf, die bei Krankheitsfällen in der Familienhistorie zur Auswahl stehen. Für Eltern ist die PID eine Herausforderung, obwohl es für sie die Möglichkeit bietet, eine stressfreiere und sicherere Schwangerschaft zu durchleben, da sie sich mit dem veränderten Verhältnis zu der Schwangerschaft und ihrem zukünftigen Kind zu Recht finden müssen. Sie sollten sich vor dem Verfahren gründlich informieren und ihre Entscheidung bestens überdenken, um sicherzustellen, dass sie sich nicht in ihrem Traum ein Kind zu kriegen verrennen, sondern rational bleiben.

Die Stellung der Ärzte weist vernünftige Grundzüge auf und versucht den ethischen Grundsätzen gerecht zu werden. Falls die PID in Deutschland erlaubt werden sollte, will die Bundesärztekammer vorbereitet sein. Sie stellen nachvollziehbare Ansprüche an die Verfahren, die eine PID unter ethischen Gesichtspunkten ermöglichen könnten. Ich denke aber, dass sich die Bundesärztekammer mit dem Nationalen Ethikrat zusammensetzen sollte, um das PID-Verfahren, sowie dessen Richtlinien argumentativ festzulegen. In dieser Diskussion sollten beide Parteien ihre Standpunkte verdeutlichen und einen gemeinsamen Konsens finden.

Die ethischen Aspekte der PID sind meiner Meinung nach etwas zu strikt formuliert und lassen eigentlich keine Möglichkeiten, dass das Verfahren eingeführt werden könnte. Ein erster Schritt wäre es, das ESchG zu ändern, um die Option für eine Einführung offen zu lassen. Natürlich soll es nicht dazu kommen, dass es irgendwann in Deutschland erlaubt ist Menschen zu klonen oder nur die Embryonen mit dem besten Erbgut auszuwählen. Es sollte sich nur auf die relevanten Erbkrankheiten und das Risiko der Mutter bei der Schwangerschaft beziehen. Eine Auswahl nach Geschlecht kann und darf nicht die Zukunft nach einer eventuellen Einführung einer PID sein, da es einen vollkommen anderen Sinn und Zweck erfüllt. Die Entsorgung der belasteten Embryonen ist in gewisser Weise eine geplante Abtreibung. Paare die dieses Verfahren durchführen lassen, wollen kein krankes Kind und so kommt es gar nicht dazu, dass ein Kind abgeschoben wird. Zwar hat die PID eine verhältnismäßig geringe Erfolgsquote, aber die Forschung in der Medizin entwickelt sich weiter und kann die PID, wie die Erfolgschancen eventuell erhöhen. Ob eine PD nach einer erfolgten PID noch angewendet werden soll ist fragwürdig, da die PID die relevanten Erbkrankheiten ausschließt. Es ist jedoch eine Möglichkeit, wenn die Eltern ganz sicher sein wollen, dass ihr Kind ganz gesund auf die Welt kommt.

In meinen Augen ist die PID bei einer belasteten Familienhistorie eine gute Alternative zur Kinderlosigkeit, da man zu den eigenen Kindern immer noch das innigste Verhältnis aufbaut. Wenn es einen ethischen Konsens für die PID, der von allen Seiten vertreten werden kann, gibt, sollte diese eingeführt werden. Das einzige, das zu klären bleibt, ist, was mit den nicht transferierten Eizellen, die die Untersuchung überstanden haben passiert. Sie könnten wiederum kinderlosen Paaren gespendet werden und ihnen somit ein eigenes Kind ermöglicht werden.

Quellen- und Literaturverzeichnis

1.) Bundesärztekammer (Hg): Stellungnahme der Bundesärztekammer zur Präimplantationsdiagnostik (Berlin, 24.02.2000). Diskussionsentwurf zur Präimplantationsdiagnostik, in ZME 46, 2000

2.) Griesinger u. a.: Präimplantationsdiagnostik: Methoden und Anwendung aus reproduktionsmedizinischer Sicht, in: ZME 49, 2003

3.) Haker, Hille: Präimplantationsdiagnostik und die Veränderung der Elternschaft. Zur ethischen Problematik der Präimplantationsdiagnostik, in ZME 49, 2003

4.) Römelt, Josef: Präimplantationsdiagnostik. Anmerkungen zum Diskussionsentwurf der Deutschen Bundesärztekammer, in: StZ 215, 1997

5.) Ruppel, Katja; Mieth, Dietmar: Ethische Probleme der Präimplantationsdiagnostik, in: Marcus u. a. (Hgg.): Ethik in der Humangenetik. Die neueren Entwicklungen der Frühdiagnostik aus ethischer Perspektive, Tübingen u. a. 1998